PESCADORA DE *Esperança*

POESIA

Editora Appris Ltda.
1.ª Edição - Copyright© 2024 da autora
Direitos de Edição Reservados à Editora Appris Ltda.

Nenhuma parte desta obra poderá ser utilizada indevidamente, sem estar de acordo com a Lei n° 9.610/98. Se incorreções forem encontradas, serão de exclusiva responsabilidade de seus organizadores. Foi realizado o Depósito Legal na Fundação Biblioteca Nacional, de acordo com as Leis n°s 10.994, de 14/12/2004, e 12.192, de 14/01/2010.

Catalogação na Fonte
Elaborado por: Dayanne Leal Souza
Bibliotecária CRB 9/2162

J833p
2024
	Josaphat, Ana Reis
	    Pescadora de esperança: poesia / Ana Reis Josaphat. – 1. ed. – Curitiba: Appris, 2024.
	    101 p. : il. ; 21 cm.
	
	    ISBN 978-65-250-6449-9
	
	    1. Poesia brasileira. 2. Sofrimento. 3. Amor. 4. Espiritualidade. I. Josaphat, Ana Reis. II. Título.
	
	                                                                                   CDD – B869.91

Appris
editora

Editora e Livraria Appris Ltda.
Av. Manoel Ribas, 2265 – Mercês
Curitiba/PR – CEP: 80810-002
Tel. (41) 3156 - 4731
www.editoraappris.com.br

Printed in Brazil
Impresso no Brasil

Ana Reis Josaphat

PESCADORA DE *Esperança*

POESIA

artêra
editorial

Curitiba, PR
2024

FICHA TÉCNICA

EDITORIAL	Augusto V. de A. Coelho
	Sara C. de Andrade Coelho
COMITÊ EDITORIAL	Marli Caetano
	Andréa Barbosa Gouveia (UFPR)
	Edmeire C. Pereira (UFPR)
	Iraneide da Silva (UFC)
	Jacques de Lima Ferreira (UP)
SUPERVISORA EDITORIAL	Renata C. Lopes
PRODUÇÃO EDITORIAL	Adrielli de Almeida
REVISÃO	Katine Walmrath
DIAGRAMAÇÃO	Amélia Lopes
CAPA	Eneo Lage
REVISÃO DE PROVA	Jibril Keddeh

Dedico aos meus amores: Anaiara e Anaina (filhas), Najia Maria e Catarina (netas).

AGRADECIMENTOS

Agradeço ao grande poeta gaúcho **Joaquim Moncks** por ter sido, e ele é, um incentivador no processo de me tornar poeta, em que me desvenda o fazer poético. Sou grata por reconhecer em mim um potencial poético.

À poeta gaúcha **Cláudia Gonçalves**, com quem fiz cinco oficinas de escrita criativa, os escritos adquirem uma forma mais poética, mais sintética: uma grande incentivadora, e me fazia acreditar que tinha talento, principalmente na prosa poética.

Ao escritor paraense **Paulo Roberto Ferreira** pela orelha do livro e pelo companheirismo na utopia de um mundo de Esperança.

Aos leitores dos escritos poéticos compartilhados nas mídias sociais, grandes incentivadores do desejo de vê-los em um livro. Fizeram-me acreditar que era possível.

À psicoterapeuta transpessoal **Margaret Rodrigues**, que me ajuda a ampliar a visão e a superar os desafios da jornada, inclusive a de me expor e me revelar através da escrita.

Aos clientes que me oportunizam compor com a poesia o espaço terapêutico (quando é pertinente aos assuntos que trazem) e, também, por serem inspiração na escrita.

SUMÁRIO

ESPERANÇA
PESCADORA DE ESPERANÇA 14
ÂNCORAS DE PAZ 16
CENÁRIOS 18
INSÔNIA 20
ESTÁGIOS 21
LUZ 22
MISTÉRIO 23
SALVAÇÃO 24

JORNADA
ALQUIMIA D'ALMA 26
BUSCADORA 27
DESVELANDO 28
DESAFOGAR D'ALMA 30
DESCOBERTA 31
CAMINHO INICIÁTICO 32
TRANSIÇÃO 33
POSSIBILIDADES 34
CAMINHO DO MEIO 35
BUSCA 36
CRIANÇA DIVINA 37
PROCURA 39
CICLOS 40
PARTILHA 41
IMPERMANÊNCIA 42
META MORFOSE 43
JORNADA 44
ESTOICIDADE 45
SACRALIZAR A VIDA 46

DESEJOS
IMPULSO VULCÂNICO 49
LACUNA 50
RELEMBRANDO 51
ANSEIOS 52
SENSUAL 53
FRENESI 54
REENCONTRO 55
BENQUERER 57

SAGRADO
À SENHORA DA BERLINDA DOS PARAENSES 59
ENLEVO 62
SÚPLICA À MÃE DIVINA 63
A FONTE QUE TUDO É 64

UTOPIA
RAIOS DE SOL 67
OITO DE MARÇO 68
SINAL 71
ESTRELA SALVADORA 72
PÁTRIO 73
RECONSTRUÇÃO 75

PROFANO
DILÚVIO 77
ANDARILHA 78
SOBRE A AREIA 79
PROCESSO 80
CHUVAS E TROVOADAS 81
ESTRELAS 82
DUALIDADE 83
SENTIDO 84
MULHER 85
TRIBUTO A ÓBIDOS 86

ESPERA 89
SEMEADURA 90
VISÃO 91
TORRES 92

PANDEMIA
DELICADO EQUILÍBRIO 94
DESCORTINAR 95
POTÊNCIA 96
VEJO 97
TRANSVAZAR 98
MORTE NA SOLIDÃO 99
FRANZINA CHUVA 100
VÍRUS 101

Esperança

Pescadora de Esperança

o sofrimento é esquecimento
lembrar de mim
é romper os muros
que ergui
tirar a armadura
que vesti
recordar a origem
da luz primordial
dançar inteira
no mistério da chama
da fonte essencial
vestir-se de sol
coroar-se de estrelas
tocar a lua
nascer como Vênus
bem-aventurada
criança divina
sendo inocência
traz o coração vivo
de amor
ser humana
transitar entre o

Ana Reis Josaphat

céu e a terra
conciliar luz
e sombra
sarça
no deserto
luz na vida
cocriar
a paz
no coração da humanidade
pescar esperança
em mar revolto
é a utopia se realizar
viver
a poesia
música das esferas
(em) canto na terra
comunhão
na cruz

Âncoras de Paz

lágrimas náufragas
ondas colossais
a nau frágil
rende-se
aos ventos
à deriva fica
sabor salgado
inunda o convés
mastros e velas sucumbem
há medo
terror
desamor
uma brisa suave
raios de sol
abrem espaços
por entre densas nuvens
o que era noite
agora é dia
há risos
onde foi lágrimas
doce
onde foi sal
amor

Ana Reis Josaphat

onde foi medo
o arco-íris
desponta no horizonte
âncora de paz!

Cenários

Há silêncio de silenciar a mente,
viagem nas profundezas interiores,
descortina verdade:
é a escuta da alma.
Há o silêncio da crítica,
julgamento,
desconfiança,
não concordância:
é o não dito.
Há o silêncio do amor,
em que tudo é dito no olhar,
não há palavras,
é intraduzível,
há sincronias:
é o compartilhar o coração.
Há silêncio de aprendizagem,
de amor incondicional,
expande o coração,
possibilita o acolher:
é o cuidado.
Há o silêncio dos que partiram
e deixaram saudades,
pegadas,
reconhecimento:

Ana Reis Josaphat

é a homenagem.
Há silêncio que impulsiona
para novos e desafiantes
conhecimentos,
instigante:
é a descoberta.
Há silêncio da madrugada,
de endereços clandestinos,
grito para dentro,
o que fora é coletivo,
torturante:
é a distopia.
Há o silêncio que ensurdece,
grito que ecoa retumbante,
fere
a carne,
a alma,
a dignidade,
mata o florescer:
é a violência.
Há silêncio de esperançar,
alimenta
o raiar de um novo dia,
as tempestades passam
e a História fala.

Pescadora de *Esperança*

Insônia

o amanhecer traz
olhos orvalhados
de noites inquietas
o corpo dolorido
de idealizações
o presenciar sonolento
de lençóis desalinhados
o sol espantando a escuridão
o esperançar em frestas
acalenta as manhãs

Ana Reis Josaphat

Estágios

não há brilho nos olhos
há lágrimas oceânicas
um tempo de desesperança
de corpo sem viço
aciona
sentimentos invisíveis
o mar transborda
a tempestade chega
o tsunâmi devasta
a terra esgota-se
inércia
a razão move-se
lentamente
a emoção transborda
umedece a terra
plantada
sementes germinam
flores florescem
a primavera chega
anunciando a vida
sucedem-se as estações
na alma aprendiz

Luz

não há sombra
de nuvens
não há sombra
de dúvidas
que a dor
não se dissolva
no sol a pino

Ana Reis Josaphat

Mistério

entre dedos a vida escorre
um corpo sem viço
inerte fica
corpo que vive esperança
entre sonhos viaja
corpo seco de carne amolecida
viu o sol passear em manhãs orvalhadas
doces estrelas bordadas
fios de ouro em cometas
que rabiscavam o céu
lírios brotarem do lodo dos pântanos
viu becos de vida
tempestades e calmarias
sonhos em propósitos de vida
o frágil compartilhar encapsulado
o gotejar do sal
nas escuras noites da alma
estratégicas vidas resilientes
alento na continua (i) dade
viu o que era larva ser asas
na travessia das brumas
viu o tempo
viu o sopro
viu o nada

Pescadora de *Esperança*

Salvação

versejo (in)verso
em corpo senciente
alegrias
tristezas
dores
prazeres
abafados
ilhados
renegados
na longa jornada
privo-me da rota
veste
revelo
a pescadora de esperança
a poesia
caminho de redenção

Ana Reis Josaphat

Jornada

Alquimia d'Alma

Se a urdidura da existência
é tecida em fios de espinhos,
a morte estará trajada de
pavor.
Desespinho-me no caminho
e reteço a trama em fios coloridos.
Saboreio do elixir da vida,
chegarei à fonte vestida
d'ouro.

Ana Reis Josaphat

Buscadora

Andei pelo mundo à procura da felicidade.
Na jornada, fui engolida pela cobra grande,
matei dragões e engoli sapos,
naveguei em zonas abissais,
andei em pântanos, desci ao inferno e
subi ao céu.
E, depois de muito andar, descobri dentro de mim.
Estou em processo de enamoramento comigo.
Abraço meu corpo, beijo minha alma,
faço amor comigo, me presenteio e
me levo a passear por
lugares desconhecidos de mim.
Com o vir a ser do transtempo,
descubro novas cartas de navegação,
outras formas de viver no mundo e
comigo.
Integrando meus eus.
Aconchego-me no colo,
compartilho coração.

Desvelando

quentinha no teu útero me abrigaste
nasci
frágil chorar
me aninhaste
quando senti fome
me alimentaste
com a seiva que jorrava do teu corpo
quando me senti só
me consolaste
cresci
me acompanhaste
silenciosa
na presença
na ausência
me tornei
menina
menina-moça
menina-mulher
menina-mãe
desvendando-te em cada ciclo
o alvorecer
o escurecer
a chuva nas mangueiras

Ana Reis Josaphat

o banho de mar
o cantar de pássaro
a flor que desabrocha
o canto desta cidade
em tudo estás presente
sempre estaremos juntas
na roda do tempo

Desafogar d'Alma

Há uma dor tão grande em mim, que não cabem palavras! Dor subterrânea, como a noite profunda. Um estreitar de alma.

O dedo, ao acionar o gatilho, rompe o fino cascão, e a comichão expõe a carne viva, ensanguentada, profunda, do que, sequer, não é cicatriz.

Às vezes surge um desejo; afogar-se nas lágrimas de sangue, da caudalosa cachoeira que jorra das fontes. Outras vezes, há seca e não há placa no rio. Em todo caso, há paralisia, um esvaziar à vida.

É como enfiar uma lâmina no útero da terra, e em suas entranhas depositar a semente que irá explodir.

Nas noites escuras da alma, posso escolher, olhar para cima e contemplar as estrelas. E o que não é dor expressa o testemunho à vida.

Como Perséfone transito entre mundos: o subterrâneo, da úmida terra, e à superfície, ao modo dos girassóis.

A dor dói, dói, dói..., mas dela nasce a flor, flor do bem-me-quer.

Descoberta

exilada caminhante
viaja às cegas
onde levará tal passo
se nem o compasso distingue
não vê o que está fora
muito menos o que vai dentro
a ilusão do real
é miragem no deserto
no breu da noite
as visões espectrais assustam
o sol se esconde
nas manhãs cinzentas e frias
desfolhada fica
passam-se os dias
veste-se de flores
ouve gorjeios
recebe orvalhados beijos
sorve a última gota
do mistério da vida

Caminho Iniciático

Para chegar à alma feminina, não precisa pressa: quando se elege o alvo, se abdica de descobrir inúmeros lugares; deixa-se de apreciar a profundidade e a beleza. Imagina que chegar ao final requer: paciência, olhares curiosos, mãos cuidadosas, pesquisas arqueológicas, perceber pistas, e estar alerta para eventos inesperados que possam guiar a outros lugares ou de prosseguir. Em todos os momentos estarás diante de escolhas. Valem os ensaios: de tentativas, erros e acertos.

Ao percorrer o caminho para o sagrado feminino, aparentemente é um labirinto, mas que é múltipla paisagem. O caminho para o centro é marcado com fios invisíveis de possibilidades. E Ariadne caminha junto e ao lado.

Transição

minha alma no silêncio
é balbúrdia
no sentir anda
separada
na dor está
congelada
no coração está
bloqueada
abre as
portas da comunhão
deixe que a luz entre para
o sentir
o viver
o saber de Si
o transformar
lágrimas
jorrem
cedendo espaço para
o riso solto
transparente
quente
aninhar o coração

Possibilidades

pense nas feridas como
cálidos botões por desabrochar
oceano de lágrimas a purificar
mestras reorientadoras de desejos
pense nas feridas como
aspirar de sapiência
orvalho que irriga a manhã
horizonte infinito de esperanças
sol de primavera
pense nas feridas não como
chumbo
mas ouro bruto a facetar

Ana Reis Josaphat

Caminho do Meio

os cabelos estão ficando
plumas de algodão
esvoaçados ao vento
revelam caminhos trilhados
nem doces
nem amargos
matizados

Busca

sou quem não imagino Ser
somos deslembrados de nós
carecemos de portas entreabertas
para irmos ao encontro do Eu

Ana Reis Josaphat

Criança Divina

vi no espelho uma menina pequenina
segura na mão
não me larga
queira ou não
ela é
alegre
faceira
sábia
às vezes triste
noutras alegre
criada nas ribanceiras
aventureira nas travessias
sabe dos desafios
das tempestades
e calmarias
essa pequenina
habita-me em grande intimidade
juntas trilhamos o Caminho Sagrado
é David no meu coração
não me deixa afundar
me ensina a flutuar
a transpor abismos
me ensina a voar

caminhos difíceis
me ensina a contornar
leva-me a desbravar mundos
deleita-se escrevendo poesia
viaja pelas estrelas e galáxias
em seu transporte favorito
a imaginação
essa menina pequenina
é salvação
ah! menina Ana Maria
és filha da floresta
resistência da morte
insistência na vida
persistência no livrar-se da ignorância
presente se orienta
no amor
na delicadeza
bússola da alma
nas zonas abissais
companheira de jornada
na volta para casa
na fonte que tudo É

Ana Reis Josaphat

Procura

Mergulho nas profundezas a me procurar.
Em recônditos lugares desconhecidos e esquecidos.
Lavo minha alma de tudo que guardei.
E não vivi plenamente.
Quero me deixar leve
para viver a vida.
Quero abrir espaço para o amor manifestar-se.
Amor pleno de sentido e arte,
beleza, alegria e graça.
Quero acordar com o sol
e dormir com as estrelas,
viajar pelas galáxias e pelo centro da úmida terra.
Que Afrodite viva, morra e renasça com Dionísio.
E, ainda assim, me habite a Divina Deusa.

Ciclos

tudo que plantei
a vida me fez colher
às veze colhi dores
outras vezes amores
dores são mestras
amores orquestras
sou aprendiz de primavera
transito nas estações
para sorrir
e florir

Ana Reis Josaphat

Partilha

Alguém para compartilhar e desfrutar o último ciclo da vida com leveza, delicadeza, cuidado e alegria.

Alguém que possa ir às estrelas, navegar em mares, conhecidos e desconhecidos, e voltar à terra cheia de novos roteiros.

Alguém para experimentar todos os sabores, e como alquimistas criar o manjar d'ouro.

Alguém que, em um instante, apenas com um olhar, possa descortinar o universo.

Alguém que, num toque, leve ao paraíso, lugar de êxtase dos deuses e deusas, e de mulheres e homens que vivem na carne e no sopro a vida.

Impermanência

ao amanhecer
o coração explode
às vezes de alegria
outras de pesar

Ana Reis Josaphat

Meta Morfose

árvore que o vento
arranca os galhos velhos e
folhas secas
no inverno
e brota vicejante
na primavera
elevando-se ao céu
velha águia que
voa para a montanha mais alta
arranca
o próprio bico em
novo renascer
ovo rompido
exígua larva
crisálida
imago
asas
de liberdade

Jornada

no caminho
é preciso coragem
persistência
insistência
reconhecer as fragilidades
encontrar aliados
na travessia de sertões
ganha-se musculatura
rumo ao jardim infinito
do coração

Ana Reis Josaphat

Estoicidade

escalavro a alma
com espinhos
nas brumas
prostração
o crepúsculo
anuncia a escuridão
perco-me no lodo
do que chamo vida
transfaço olhares
a rosa perfuma a alma
o sol cintila acima das nuvens
lírios crescem nos pântanos
estrelas luzem no céu
há encanto e graça
no trajeto da vida

Sacralizar a Vida

O que é a vida senão celebração?
Encantamento que nos arrebata e
nos faz sair do chão.
Um aprender a se mover:
da crisálida à borboleta.
O bater de asas,
que estremecem o cosmo,
em voos de liberdade.
Há dor e sofrimento ao nascer,
de uma aparente imobilidade
à evolução do ser.
É um apropriar-se de voos e pousos:
raízes e asas.
Expandir a visão,
um descortinar de verdade;
experimentar
o sagrado sentido da vida;
respondendo sobre
quem sou.
Na jornada para o coração,
ser como uma águia anciã;
arranque a própria carne,
cansada,

Ana Reis Josaphat

transmutada em vigorosa
e encantadora plasticidade do físico
e da essência;
sendo eternamente jovem,
sábia,
e bela.
A existência é esse enfrentar de desafios:
jogar-se nos remansos,
flutuar nas correntezas,
nadar em águas plácidas.
Água que, ao beber, mata a sede
de desejos insaciáveis.
Alcançaremos o pleno viver,
saboreando o maná que sacia a fome:
do corpo e da alma.
No abraço de comunhão,
descobrir o Amor.
A vida encerra tantos mistérios!
Viva com pleni (ati) tude!

Desejos

Impulso Vulcânico

há um desejo dentro de mim
ardente
Chronos é cruel com o corpo
e dócil com a mente
hão de dizer
se soubessem o que me vai dentro
aquela de carne amolecida
ainda é ardente
ah! velha
não te vês
e do desejo
o sol dá lugar à noite
sem lua
nem tudo é escuridão
há estrelas no céu
Kairós em mim
vibra
um corpo
abençoado

Lacuna

neste Natal
falta-me cor
partiste e levaste o arco-íris
falta-me alegria
levaste a animação
falta-me presença
só a ausência
acompanha
o coração

Ana Reis Josaphat

Relembrando

Passaste em minha vida
um instante.
O instante
fez-se eternidade.
Tuas mãos encontraram
as minhas,
um leve tremor me percorreu.
As paredes ruíram.
Nas frestas desfilaram
memórias que
Kairós
havia guardado.
No ápice,
vivi,
a gota ser mar.

Anseios

quero saciar-me na tua
fonte divina
se há limites no corpo
no afeto não há
sorvo da tua boca o mel
embriago-me de amor
entrego-me
a carne treme
morro
desfaleço
renasço
suaves mãos
se tocam
doces lábios
se acarinham
não sou eu
nem és tu
somos um

Ana Reis Josaphat

Sensual

é fogo
o que no peito arde
fios invisíveis
tecem
lascívia em corpos unos

Frenesi

instantes de morte
o corpo jaz
lânguido
pleno
dorme

Ana Reis Josaphat

Reencontro

Oh! Amado meu, te
procurei entre os lençóis desalinhados,
e não estavas.
Minha alma se entristeceu com tua ausência,
meu corpo murchou,
por não ser regado.
Olhei estrelas e indaguei de ti,
mas elas não sabiam onde te encontravas,
só o brilho d'alma me alcançou.
Corri por entre dunas,
e não te encontrei.
Perguntei ao ar,
e o cheiro do perfume
que exala de tua pele
senti.
Oh! Vento, traz meu amado
de volta aos meus braços.
Esquadrinhei o céu,
a terra, o mar,
e não estavas em nenhum lugar.
Cansei de te procurar.
Quando aquietei o coração,
no silêncio,

te encontrei:
pleno, inteiro,
ardente.
Eros pediu passagem:
consumimos o desejo.
O Sopro uniu céu e terra,
carne e atma
em louvor ao Amor!

Ana Reis Josaphat

Benquerer

O que fazes com o amor
que te dedico?
Jogas fora como algo desprezível?
Só posso saber
o que faço com o amor
que abrasa o peito,
que me faz de ti querer:
um insubordinado apetite.
É um bem querer
que me faz te querer
juntinho a mim.
Mesmo que seja nobre,
me é ignóbil
te dizer tantas vezes
do meu querer.
Mesmo que seja inábil,
não te suplicarei,
pelo teu querer.

Sagrado

À Senhora da Berlinda dos Paraenses

Ave, Senhora:
das águas,
do ar,
das matas,
do céu e
da terra.
Escolheste ser "achada" aqui,
querias ver erguido o teu templo:
para que habitasses entre nós;
e sob o teu manto estivéssemos protegidos e
aninhados em teu regaço, Senhora de Nazaré!
Aqui bem juntinho de nós te encontras,
é só dizer: "valei-me, Virgem de Nazaré,
valei-me, Mãe, nesta hora".
E vens logo porque escutas o clamor do teu povo,
escutas o coração dos pequeninos,
escutas a alma dos teus filhos.
Nunca nos deixaste sem resposta;
muitas vezes no silêncio do coração,
escutamos e sentimos tua presença consoladora.
Oh, Grande Mãe!
Não importa o nome que tenhas,

a face que tens,
a consciência que temos,
o tempo e o espaço.
Não importa que a imagem seja de:
uma deusa egípcia, grega, indiana,
chinesa, oriental, ocidental, ameríndia,
Madona negra ou Madona branca.
Tenhas sido "achada" ou "apareceste";
subiste ao céu ou desceste à terra,
estares no mar, no rio, no igarapé,
na planície ou na montanha,
na gruta ou no Santuário.
Tua face é, e será, o "Grande Feminino",
que se expressa em todos nós.
Porque sabemos que na trajetória da humanidade,
desde os tempos imemoriais,
no presente, e
no futuro,
Tu estarás conosco,
sempre estarás,
a certeza inabalável que temos.
Teus atributos são a síntese da Paz e da Bem-Aventurança,
do acolher, do proteger,
do vaso da compaixão e solidariedade,
de quem já venceu, já integrou,
já se fez divina.

Ana Reis Josaphat

A Energia do Divino Espírito Santo habita em ti.
E tu tornaste Una na Trindade de Deus-Pai, Deus-Filho e no Espírito Santo, com a tua energia da Grande Mãe.
Tu mereceste,
tu conquistaste espaço no Panteon Divino,
e habitas o coração dos paraenses e
de todos que te trazem no coração.
Tu és exemplo para todos nós:
mulheres e homens na conquista da nossa divindade,
na Inteireza da Totalidade,
na comunhão da
Unidade,
do Sagrado.

Pescadora de *Esperança*

Enlevo

Bebo da misteriosa fonte da vida, inebrio-me. O corpo banha-se em luz, e vibra com a música do silêncio. Outra sintonia que não a ordinária. Percebo os laços que dei, sem o saber. Desembaraço, desenlaço, cordões brilham como nunca os vi.

Restabelece-se o Projeto Divino Original, que é a perfeição de quem sou. O que pensava ser toda a realidade do lugar em que me encontrava não passava de um minúsculo e pálido quarto na penumbra, fechado em si mesmo. Encontrei folhas perdidas ou borradas nas experimentações transexistenciais e nos vários estados e estágios que vivi como gota, separada de quem sou, e não percebia que já sou todo o mar.

Respiro lentamente: órgãos, vísceras, corpo inteiro e todos os corpos se vitalizam. Vivo a expansão, a leveza, a comunhão. Nesse estado descortino novas paisagens, novos lugares, novos véus.

É a lembrança vivida que traz pertencimento e me faz una ao que tudo É.

É a lembrança que me traz clareza e me faz ver as partes fracionadas em mim.

É a lembrança que me faz inteira, e elaboro novos capítulos do misterioso livro da vida.

É a pálida lembrança de mim, que dirige e atua na dramática vida humana.

Viver na carne me faz passageira de ilusão!

Ana Reis Josaphat

Súplica à Mãe Divina

Oh! Senhora de Nazaré, desperta em mim a tua força realizadora e criativa.

Realiza em mim a tua íntima essência e nela eu possa permanecer no silêncio do coração.

Dá-me discernimento e coragem no caminhar pela senda sagrada.

Seja eu acolhedora como tu és, que não julgue e nem critique.

Que eu possa escutar vozes de angústias e ampare com delicadeza.

Eu me console e leve consolo e esperança para os peregrinos que tangenciam meu caminho.

Ao visitar os vales sombrios da alma as lágrimas jorrem sem me afogar. E, ao carregar a cruz e a coroa de espinhos, encontre Cireneus, como teu amado filho.

O sacrifício se transforme em sacro ofício no caminhar para o monte Calvário.

Liberta das ilusões e ressuscitada possa viver a plenitude do Espírito.

No Amar eu me torne pura substância Divina, e possa descortinar o mistério de quem sou!

Que eu me transmute em doce e Virgem como tu És. Amém!

Pescadora de *Esperança*

A Fonte que tudo É

O Divino se manifesta
na face do irmão
na árvore que sombreia
no vento que balança
a palmeira
nas vagas do mar
no rio que te margeia
na úmida floresta
no sol que te aquece
na brisa que te acaricia
nas noites de lua cheia
no fino tecido do céu
nos diamantes de estrelas
que norteiam as escuras noites da alma
no pontilhado jardim da terra
no florir da primavera
nas nuas árvores do inverno
na face da criança
faminta de amor
no olhar dos que não têm mesa
no choro da vida
no lamento da morte
tudo é sopro

Ana Reis Josaphat

em tudo que há
no céu, na terra
e em qualquer lugar
nas profundezas do ser
na jornada desvela
o tesouro do coração
na fragrância do amor
que compartilhas
Deus é fonte que tudo É

Utopia

Raios de Sol

aqui a chuva cai
ora o céu se abre todo
um dilúvio
ora devagarinho
uma lágrima
será que a chuva chora a utopia
perdida
transfigurada
em um piscar de olhos
em distopia
trago a alma encharcada
e o pranto derramado
há de irrigar a
semente da liberdade
mantendo acesa a chama no coração
no romper do dia
na aurora desponta
a luz da mudança

Oito de Março

traga-me flores todos os dias
dá-me amor todas as horas
converse comigo com delicadeza
hoje o que desejo é
me sentir segura
protegida
respeitada
que façam valer
os direitos de mulher-cidadã
que eu possa ter direito à vida
do nascer ao morrer
que sejam entendidas minhas
diferenças
não como "sexo frágil"
nem como "guerreira"
mas como mulher
com todas as possibilidades de ser
humana
sem juízos
nem juízes
quero viver a vida
como desejar
contemplar estrelas

Ana Reis Josaphat

sem o cansaço
de múltiplas jornadas
impostas
à força
ferros no corpo e na alma
sendo
interditada de ser
quero me despojar de tudo que
a mim destinaram
apoderar-me
de tudo o que possa ser
recuso-me a ser "segundo sexo" e
nada valer
assumo minha condição
de ser mulher
nem atrás
nem à frente
e sim ao lado do homem
luto pela efetivação
e criação de direitos
que seja possível
o pleno florescer
junto-me a outras mulheres

e a outros homens
na construção de um mundo de paz
igualitário
equitativo
justo
fomentador de reais
possibilidades
de que haja
em tudo
comunhão

Ana Reis Josaphat

Sinal

o rubro amanhecer anuncia
a Boa Nova
despertos seguem
a Estrela
o nascido é
presenteado

Estrela Salvadora

nas ondas colossais multidões
de túmulos sem cruz
nas entrelinhas da criação
ecoa o grito dos silenciados
na escuridão dos porões
a conspiração
no agonizante mundo
a estrela brilha
resplandece
a esperança

Ana Reis Josaphat

Pátrio

quantos Christus refletidos na face dos que
não têm pão nem água
têm sede de carne vestindo ossos
tudo foi des-humanizado
quantos Christus refletidos na face dos que
não têm casa
nem cama
nem mesa
tudo foi privado
quantos Christus refletidos na face dos que
não têm nação
têm cercas
faixa monitorada
tudo lhes foi tomado
quantos Christus refletidos na face
debaixo de escombros
das guerras insanas
pelo poder
tudo é válido
quantos Christus refletidos na face dos que
resistem
na cruz dos martírios
das coroas de espinhos

pelo amor à liberdade
quantos Christus refletidos na face
das Madalenas
Helenas
Marias que
são impedidas de Ser
todo o poder é dos homens
quantos Christus refletidos
na face dos diferentes
dos poetas
dos indigentes
tudo é normatizado
quantos Christus refletidos
na face dos profetas
que anunciam a Boa Nova
todos são castigados
Christus oh! Cristo!
quando saberemos distinguir
"à imagem e semelhança"
do que É

Reconstrução

país do pendão da Esperança
onde estás?
avassaladora bomba em nossas vidas
onde estás?
o que ainda resta?
escombros!
milhares de cruzes sem nomes
outras de vidas esgarçadas
milhões de vozes fantoches
outras que rompem o silêncio
a estrela guia a mudança
no tilintar da confirmação
a Fênix levanta voo
o povo colore o país

Profano

Dilúvio

manhã de sol
anda sumida
dias de chuva
folhas de palmeiras
se embrulham
na ventania
a água desaba
cai no chão da praça
com a boca aberta
espraia-se
no mar
na lagoa
nos igarapés
no chão batido
vira lama
cratera aberta pela correnteza
arrasta casa
gente
bicho
feridas abertas
sem flauta
o saxofone
toca uma nota só
vejo
aqui do alto
o rosto virar mar

Andarilha

entre o açaí e as uvas me encontro
entre raízes e os novos brotos
floresço
no sumo da vida
das doçuras
colho e me recolho
o melhor entre as terras
aprecio
minha boca
exalam odores
vindos de norte ao sul
o vento que traz a fúria
é o mesmo que traz
a liberdade do sentir
parece estranho
uva e açaí
tudo é fruto
vermelho
sangue derramado
na busca do caminho
todos são iguais
são brasileiros
vi no trajeto entre
uva e açaí
o melhor de ser no mundo

Ana Reis Josaphat

Sobre a Areia

caminho na praia
garota de Ipanema
passos lentos e
sorriso de Monalisa
o corpo em contagem
regressiva de prazo de validade
a alma
ah, a alma!
de criança
faceira
saltitante
raios de sol
estrela luminosa
em noite de lua cheia!

Processo

explode poesia
inspira
imaginal
metáfora
expira
polissemia
polifonia
poesia
síntese
virginal

Ana Reis Josaphat

Chuvas e Trovoadas

orvalho macio que
se supõe às madrugadas
temos pau-d'água
a inundar rios
vias
vidas
que será deste lugar
do cone sul do Brasil?

Estrelas

fornalhas incandescentes
em contínua expansão
polinizadoras do universo
o caos vira
cosmo
trazemos em nós
poeiras
estelares
caminhantes cometas
em instante
brilham
na luz da manhã

Ana Reis Josaphat

Dualidade

Na cama que durmo
de um lado noite estrelada
do outro canção
de um lado paixão
do outro comunhão
de um lado sou eu
do outro imaginação
Na cama que durmo
de um lado alhinho
do outro descuido
de um lado sono
do outro sonho
de um lado liberdade
do outro prisão
Na cama que durmo
de um lado utopia
do outro realidade
de um lado luz
do outro breu
de um lado relaxamento
do outro tensão
de um lado morre
do outro nasce
oh! Cama, em que durmo:
um lado vida
o outro também

Sentido

não sou metade
sou inteira
não sou parte
sou arte
sou toda
parte
sou inteira
mesmo em parte
sou arte
arte de Ser

Ana Reis Josaphat

Mulher

quem é aquela que caminha
no mundo
parece trazer plumas nos pés
e bambu na coluna
é uma aprendiz de sábia
que resgata sua essência selvagem
que mostra ser ela
nos percalços
na alegria
na entrega
que muito avançou
que se anulou
tropeçou nas trilhas de pedras
navegou nas tormentas
aprendeu
e no meio do caminho
encontrou-se com ela

Tributo a Óbidos

sentinela do Amazonas
à sua esquerda
vigilante o margeia
garganta profunda
em tuas águas têm
vozes de silêncio
no pedido de socorro
teu leito encerra mistérios
cantados
contados
luas prateadas
refletem em tuas águas
barrentas
carregadas de terras
de todos lugares
moças morenas
de pernas torneadas
forjadas no subir
ladeiras
bailando pelas ruas
portuguesas
povos amalgamados
percorrem com lentidão

Ana Reis Josaphat

o encontro
de remotos países
neste chão ancestral
tendo a floresta como túnica
rasgada
esgarçada
no triste gorjeio
semeias esperanças
salpicada de martírio
de teu Forte Pauxis
contemplas criaturas saídas
dos rios, dos igarapés
de tuas matas
do estreito de tuas margens
 espraias-te nas enchentes
e do lodo das vazantes
de mãos coletivas
espalham-se sementes
em terras onde tudo era
água
alimentada nessa terra abençoada
de sonhos
de rostos diversos

resplandece tua fé
na doce Sant'Ana
que materna
nesse rincão do Brasil
és farol
que ilumina
e esparge faceirice
nas tuas danças
de mascarado fobó
que atravessou fronteiras na alegria
tua liberdade
ressurge no vento
no brilho das manhãs orvalhadas
terna e doce Óbidos
o horizonte é uma porta entreaberta
vislumbrando vastidão
acolhes em tuas entranhas
filhos dos teus filhos
e quem mais vier
e na branca areia
de quem já lavou o lodo
como uma lâmpada
aprendes a ser estrela
e brilhar na escuridão
oh! Óbidos
és firmamento
no grande Rio
que te margeia

Ana Reis Josaphat

Espera

a chuva cai lenta
pingos bordam
o vidro da janela
será que ela chora
a iniquidade
ou o luto pela tragédia
não há mais alegrias
nem carnaval
nem travessia
nem ponte de fio
somente o fino esperar
da vida
corpos sorvidos
nas escuras águas
do sagrado rio.

Semeadura

Plantei em terra orvalhada.
Veio o vento,
veio sol,
veio chuva,
vieram tempestade e
calmaria.
E, no silêncio, brotou o amar e
o morrer.
Colhi cores,
sabores,
humores,
dores e apegos.
Encantei-me!
Não, não é, narciso!
É o espelho que reflete quem
sou.
É o riso que tece a vida
do chumbo ao ouro.
Tudo que aninha é paz de
ancoradouro

Ana Reis Josaphat

Visão

o brilho da lua
no silêncio da rua
sem brilho
olhos viram mar
areia da praia
metade da lua
na meia-estação
olhos viram o mar
a janela da rua
entre frestas de concreto
o sol anuncia o verão
olhos verão o mar

Torres

És menina querendo ser moça. És menina querendo ter força. És menina ingênua e recebes com beleza e graça. À tua frente, espraias-te, perde-se de vista no horizonte. No alvorecer, o sol te banha em luz; em tuas costas, o crepúsculo se perde nas montanhas.

És parte do vale sagrado do Rio Mampituba, que os une em um enlace, e se derrama no mar, do lado de cá é gente, do lado de lá a mesma gente ancestral. Repousa sobre as marcas passadas. É gente de toda cor, todo tamanho e lugar.

Em tuas praias pousei asas que trago nos pés. E nos pés de asas voo em balões colorindo o céu.

Tuas belezas encantam, mas o que será de ti, menina-mulher? Em que lugar uma visitante/habitante, com raízes nas asas, há de te encontrar? Lá dentro do teu âmago escondes memórias que os olhos não conseguem achar. É preciso arqueologia para te encontrar, além do concreto.

Ah! Torres guardiãs, até quando tuas belezas, teus odores, sabores, memórias, teu ambiente inteiro conseguirás guardar e encantar?

Ana Reis Josaphat

Pandemia

Delicado Equilíbrio

frágil viver
no fio da navalha
na estação da vida
um lado é partida
outro é chegada
quem escapará
para ouvir o choro da vida
ou chorar o choro da morte
trêmula paz

Ana Reis Josaphat

Descortinar

No ninho que habito, a janela é a vastidão do olhar: nela vejo a rua silenciosa, poucas vozes quebram o silêncio. Vejo as praças majestosas e delgadas palmeiras que bailam nas brisas e nas tempestades. Vejo nesgas de mar, por entre concreto, ora furiosamente ondeado, ora é plácido. Nela vejo o sol nascer e inundar de luz as manhãs. Vejo a lua resplandecer acompanhada de brilhantes estrelas e astros invisíveis.

Vejo flores em canteiros a me encantar. Nela ouço sinfonia emplumada anunciar o alvorecer. Nela escuto o ladrar em diferentes tons e linguagens. É nela que vejo cores, e sinto fragrância no ar.

Na janela transitam olhares: ora turvos, ora lúcidos. Ela é o limiar entre o que vai dentro e o que vai fora. É a conexão que me torna vivente no mundo e do mundo. Nela que protesto a iniquidade, e é nela que saboreio a vida.

Potência

no caramanchão da dor
o vento provoca gemido
no que resta da flor
gritos mudos de silêncio
nos olhos mares revoltos
encrespam as ondas
e extraviam-se no asfalto
a luz do Sol aquece o coração
no pulsar da vida
no ritmo da cri (a) ção
é estar viva

Ana Reis Josaphat

Vejo

vejo caminhar de multidões
em rubras estradas
vejo janelas opacas em pesar
no andor de ilusões
vejo lucidez de inocência
no frescor das manhãs
vejo sentido no crepúsculo
de cravos no horizonte
vejo no céu profusão
de girassóis

Transvazar

Transformações: terror, para além do medo, vira e revira na face oculta em máscaras. Mas qual máscara que mostro? O Eu está tão escondido que já nem sei quem sou. Cortinas de ferro escondem o indecifrável inconsciente. É preciso guias experientes para ajudar a trilhar o caminho do sagrado.

O corpo é protagonista dos dias. Mas arqueia-se diante do imponderável, e sucumbe em desejos mal orientados. É preciso despertar com flores orvalhadas e beijos de Sol, mas não se sabe para que tanto ardor nos descaminhos.

O clamor é por misericórdia nas horas de angústia. Mas, quando suaviza, esquece as dores e suas profundas feridas. O esquecimento é um desviar da consciência. É preciso lucidez para chegar ao píncaro do amor, em contraponto com a cegueira da vida imediata. A existência é contraditória: é preciso viver a polaridade para descobrir a beleza nas entranhas singradas do caminho.

Silenciar é preciso para escutar a grandiosidade da sabedoria cósmica. Há mágica no pulsar arrebatador e encanto no amor sem palavras. O êxtase é um Ser que se abre em pétalas cintilantes: uma visão que era fresta, agora é vastidão.

Morte na Solidão

Vivemos em tempos de testemunhar a vida em peitorais de janelas. Um limiar de futuro imprevisível, de presente espera e de fragmentos passados de vida. Deixando-nos perplexos e perturbados de ruídos e silêncios.

Tempos em que vivos temem serem obrigados à morte: sem afetos, sem rosto familiar, sem toques de despedida, sem pedidos de perdão, sem último suspiro, sem atestado de óbito. Mas apenas corpos que descem covas em série ou em labaredas que os devoram em cinzas.

Sem cortejo fúnebre, sem flores, apenas frente a frente consigo mesmo. A morte na solidão nos espreita em frestas invisíveis, abertas em profundas feridas e (des) humanidades, encharcadas de modernidades líquidas e Estados mínimos. Ah, morte da solidão, anos nos aguardam!

Franzina Chuva

Em tempo de lentidão, uma fina chuva cai, em uma tarde de domingo. Tempo indefinido, que se arrasta preguiçosamente, e no sossego boceja à vida: um tempo de nulidade, tempo de murrinha, tempo de não ter pressa, pois não se precisa ir a lugar nenhum. Um tempo que sequer se considera tempo.

Olho da janela a vida escorrer por entre os respingos, aflorando desejos: dos pingos não chegarem à boca, do coração pulsar na cadência da gota, e que o tempo desalise e saboreie o silente presente.

Ana Reis Josaphat

Vírus

invisível
circula
onde estará?
aqui
ali
acolá
quem saberá?
em tua casa ficarás